全国中等职业学校汽车类专业通用

全国技工院校汽车类专业通用（中级技能层级）

# 汽车维修企业管理（第二版）习题册



中国劳动社会保障出版社

## 简介

本习题册为全国中等职业学校汽车类专业通用教材 / 全国技工院校汽车类专业通用教材（中级技能层级）《汽车维修企业管理（第二版）》的配套用书。本习题册按照教材章节顺序编写，内容紧扣教学要求，知识点分布均衡，题型丰富多样，习题难易适中，有助于学生复习巩固所学知识。

本习题册由艾娜任主编，姜龙青任副主编，戴艳艳、李超参与编写。

**图书在版编目（CIP）数据**

汽车维修企业管理（第二版）习题册 / 艾娜主编. -- 北京：中国劳动社会保障出版社，2023

全国中等职业学校汽车类专业通用. 全国技工院校汽车类专业通用. 中级技能层级

ISBN 978-7-5167-5932-5

Ⅰ. ①汽… Ⅱ. ①艾… Ⅲ. ①汽车 - 修理厂 - 工业企业管理 - 中等专业学校 - 习题集 Ⅳ. ①F407.471.6-44

中国国家版本馆 CIP 数据核字（2023）第 112605 号

**中国劳动社会保障出版社出版发行**

（北京市惠新东街 1 号　邮政编码：100029）

*

三河市潮河印业有限公司印刷装订　　新华书店经销

787 毫米 ×1092 毫米　16 开本　3.5 印张　79 千字

2023 年 7 月第 1 版　　2025 年 8 月第 4 次印刷

**定价：7.00 元**

营销中心电话：400-606-6496

出版社网址：http://www.class.com.cn

http://jg.class.com.cn

# 目　录


**第一章　汽车维修行业发展现状与趋势** ……………………………… (1)

第一节　汽车维修企业现状与行业特点 ……………………………… (1)

第二节　汽车维修行业的发展趋势 ……………………………… (2)

**第二章　汽车维修企业概论** ……………………………… (4)

第一节　企业管理的基本概念 ……………………………… (4)

第二节　汽车维修企业的分类 ……………………………… (5)

第三节　汽车维修企业的管理机构 ……………………………… (7)

第四节　汽车维修企业的开业条件 ……………………………… (8)

第五节　企业文化 ……………………………… (10)

**第三章　汽车维修企业生产安全与环境管理** ……………………………… (13)

第一节　汽车维修企业生产管理概述 ……………………………… (13)

第二节　汽车维修企业的生产安全管理 ……………………………… (14)

第三节　汽车维修企业环境安全管理与危害防范 ……………………………… (16)

**第四章　汽车维修企业服务流程与维修质量管理** ……………………………… (19)

第一节　汽车维修企业服务管理概述 ……………………………… (19)

第二节　客户愿望 ……………………………… (21)

第三节　优质服务 ……………………………… (22)

第四节　服务接待与礼仪 ……………………………… (24)

第五节　汽车维修企业质量管理 ……………………………… (26)

第六节　汽车维护技术管理 ……………………………… (28)

第七节　汽车维修企业的资产设备与零部件管理 ……………………………… (29)

**第五章　汽车维修企业客户关系与可持续发展** ……………………………… (31)

第一节　客户满意度与关怀 ……………………………… (31)

第二节　客户投诉处理及预防 ……………………………… (33)

第三节　汽车维修企业可持续发展 ……………………………… (35)

第六章　汽车维修企业财务与人力资源管理……………………………………（38）
第一节　汽车维修企业财务管理　……………………………………………（38）
第二节　汽车维修企业人力资源管理　………………………………………（40）
第三节　绩效考评与薪酬管理　………………………………………………（42）

第七章　汽车三包、召回及保修管理……………………………………………（44）
第一节　汽车三包管理　………………………………………………………（44）
第二节　汽车的召回管理　……………………………………………………（46）
第三节　汽车的保修管理　……………………………………………………（47）

# 第一章　汽车维修行业发展现状与趋势

## 第一节　汽车维修企业现状与行业特点

**一、填空题（将正确答案填写在横线上）**

1．汽车维修网络和市场格局是以＿＿＿＿＿＿为依托，＿＿＿＿＿＿＿＿＿＿＿＿为骨干，＿＿＿＿＿＿＿＿＿＿＿＿为基础，＿＿＿＿＿＿＿＿＿＿＿＿为补充，＿＿＿＿＿＿＿＿＿＿＿＿为质量保证的。

2．汽车维修企业是汽车维修行业中最基本的＿＿＿＿＿＿＿＿单位，是通过具体的＿＿＿＿＿＿＿＿＿＿＿＿获得盈利的。

3．汽车维修企业的规模不可能很大，具有“＿＿＿、＿＿＿、＿＿＿＿”的特点。

4．汽车维修业是一个＿＿＿＿的行业，它随着汽车制造业和公路运输业的兴衰而＿＿＿，具有较强的＿＿＿＿＿＿属性。

**二、判断题（正确的，在括号内打√；错误的，在括号内打 ×）**

1．汽车维修行业是在社会发展的经济活动中，同类汽车维修企业的集合。（　　）

2．汽车维修企业具有技术密集型的特点，其从业人员不仅要具有较高的技术素质，而且还要不断学习和更新技术。（　　）

3．汽车维修大多以配件修理为主。（　　）

4．汽车维修企业内部有较多的汽车维修设备和汽车检测诊断设备，因此汽车维修企业属于工业企业。（　　）

**三、选择题（将正确答案的序号填写在括号内）**

1．汽车维修从业人员普遍存在数量过多而素质偏低的问题，这里所说的素质，不包括（　　）。

A．文化素质　　B．专业技术素质　　C．服务质量

2．汽车维修企业的主业是（　　）。

A．为汽车制造业服务

B．为汽车运输业服务

C．为汽车用户提供汽车维修服务及汽车配件销售服务

3．汽车维修企业既具有一般工业企业的基本特征，又具有“服务性工业企业”的特征，归属于（　　）。

A．第一产业（农业）　　B．第二产业（工业）　　C．第三产业（服务业）

四、简答题

1．我国汽车维修行业目前存在哪些问题？

2．汽车维修行业有哪些特点？

## 第二节　汽车维修行业的发展趋势

一、填空题（将正确答案填写在横线上）

1．随着人们生活水平的提高和思想观念的转变，也随着车辆及配件供应情况的好转，我国的汽车维修行业在________、________、________、________和________等方面都发生了巨大变化。

2．由于我国加快了在用车辆的更新改造，并日益重视能源消耗和汽车排放，综合考虑汽车维修的社会效益和经济效益，我国的汽车维修观念和制度也随之发生了明显变化，已经由过去的“____________”转变为今天的“____________”。

3．汽车维修企业的经营规模正朝着超大型________和超小型________两极分化的方向发展。

4．随着汽车新结构和新技术的不断采用，汽车维修企业依靠高新技术来增强竞争力，并朝着________、工业化的方向发展。

二、判断题（正确的，在括号内打√；错误的，在括号内打 ×）

1．近年来，我国私家车拥有量持续增长，“三分修、七分养”的理念也逐渐被广大汽车用户所接受。（ ）

2．汽车维修行业的服务对象是汽车运输业。（ ）

3．汽车维修企业飞速发展，正朝着规模化、高档次、多服务形式的方向发展。（ ）

4．汽车维修业通过现代化的管理手段，实现了汽车维修业生产经营管理的科学化和规范化。（ ）

5．汽车快修连锁经营模式具备成本低、速度快、反应及时、适应性强、方便快捷和技术信息资源及专用设备可共享等优点。（ ）

三、简答题

1．请列举我国颁布的与汽车维修行业相关的政策法规。

2．简述我国汽车维修行业的发展趋势。

3．快修连锁化的经营模式有哪些优点？

# 第二章　汽车维修企业概论

## 第一节　企业管理的基本概念

一、填空题（将正确答案填写在横线上）

1. 企业管理的基本职能包括：______职能、______职能、______职能、______职能等。

2. 企业管理经历了以下三个阶段：____________________、____________________、____________________。

3. 管理者的素养包括____________、知识能力素养、____________及心理素质。

4. 一个成功的汽车维修企业一线管理者必须______、______、心胸开阔、有修养。

二、判断题（正确的，在括号内打√；错误的，在括号内打 ×）

1. 汽车维修企业要承担社会责任，要保护生存环境，改善社会和社区的生活质量，把汽车维修企业建设成为具有高度物质文明和精神文明的社会主义现代化企业。（　　）

2. 汽车维修企业建立高效、精干的管理组织，并使之正常运行，这是实现管理目标的重要前提。（　　）

3. 领导工作是管理者运用权力施展影响、指导各类人员努力达到目标的过程。（　　）

4. 不是全部企业都具有法人资格。（　　）

5. 在经验管理阶段，管理工作的特点是企业规模较小，员工在企业管理者的视野监视之内，企业管理靠人治就能够实现。（　　）

三、选择题（将正确答案的序号填写在括号内）

1. 企业管理是（　　）的客观要求和必然产物。

A. 经济发展　　B. 汽车行业发展

C. 社会化大生产发展　　D. 时代前进

2. 在企业管理的（　　）阶段，其前提是社会人假设，即认为人具有社会性的需求，人与人之间的关系和组织的归属感比经济报酬更能激励人的行为。

A. 经验管理　　B. 科学管理　　C. 文化管理　　D. 传统管理

3. 在企业管理的四个基本职能中，（　　）是管理的首要职能。

A. 计划　　B. 组织　　C. 领导　　D. 控制

4.（　　）是管理活动中最困难、最富有挑战性的工作。

A. 计划工作　　B. 组织工作　　C. 领导工作　　D. 控制工作

5．现代汽车维修企业的经营应以（　　）为关注点。

A．汽车　　　　B．客户

C．汽车维修服务人员　　　　D．汽车销售人员

四、名词解释

1．企业

2．企业管理

3．汽车维修企业

五、简答题

1．汽车维修企业管理的基本任务是什么？

2．企业管理者应具备哪些素养？

3．企业管理的基本职能包括哪些？

## 第二节　汽车维修企业的分类

一、填空题（将正确答案填写在横线上）

1．根据国家标准，汽车维修企业分为_______________、___________及_________

________。

2．一类汽车整车维修企业是指从事____________和总成修理，也从事汽车维护、小修、____________、____________、________________________的企业。

3．汽车维修企业按照经营方式可分为_______________、__________________________、连锁（加盟）经营店和传统的汽车维修厂。

二、判断题（正确的，在括号内打√；错误的，在括号内打 ×）

1．一类汽车整车维修企业是指从事汽车一、二级维护和汽车小修的企业。 （　　）

2．连锁（加盟）经营是经营店与总部之间的一种经济协作关系。 （　　）

3．汽车改装是指根据汽车车主需要，将汽车制造厂家生产的原形车进行外部造型、内部造型以及机械性能的改动，主要包括车身改装和动力改装两种。 （　　）

三、名词解释

1．汽车综合小修业户

2．4S 特约服务站

四、简答题

1．什么是汽车整车维修企业？

2．汽车专项维修主要从事哪些业务？

3．汽车养护主要包括哪些项目？

## 第三节　汽车维修企业的管理机构

### 一、填空题（将正确答案填写在横线上）

1. 企业组织设计的根本目的是为实现企业的＿＿＿＿＿＿和＿＿＿＿＿＿＿＿。

2. 衡量组织结构设计的优劣，要以是否有利于实现＿＿＿＿＿＿和＿＿＿作为最终的标准。

3. 根据企业管理机构的基本原则中的指挥统一原则，各个管理层次实行＿＿＿＿＿＿和＿＿＿＿＿＿，一般不＿＿＿＿＿＿，实行“＿＿＿＿＿＿＿＿”，将管理人员分为两类，直线指挥人员＿＿＿＿＿＿，参谋职能人员业务＿＿＿和＿＿＿，避免多头指挥。

4. 要保证＿＿＿＿＿＿和生产经营指挥集中统一，机构设置上要实行＿＿＿＿＿＿＿。

5. 建立岗位责任制，明确每一管理层次、岗位的＿＿＿和＿＿＿，赋予管理人员的权力、责任要相对应。

6. 为了既保证组织＿＿＿＿＿＿和企业任务发生变化时能＿＿＿＿＿＿，又保证组织在运转过程中能根据变化情况做出相应的变更，组织应具有一定的＿＿＿＿或＿＿＿＿＿＿。

### 二、判断题（正确的，在括号内打√；错误的，在括号内打 ×）

1. 现代企业的管理工作量大、专业性强，应设置一个部门提高管理工作的质量与效率。（　　）

2. 每个企业、车间都必须确定一个人负总责全权指挥。（　　）

3. 为了使人力资源以最少的投入取得最大的产出，并充分挖掘投入人力资源的才能，建立适当的组织机构和设置相应的管理岗位极为重要。（　　）

### 三、选择题（将正确答案的序号填写在括号内）

1. 设置企业管理机构最基本的原则是（　　）。
   A. 任务与目标原则
   B. 专业分工和协作原则
   C. 有效管理幅度原则
   D. 指挥统一原则

2. 对于（　　），一般采用厂部、车间、班组三级管理。
   A. 超小型汽车维修店
   B. 快修店、急修店等小型汽车维修店
   C. 职工人数少于 100 人的中、小型汽车维修企业
   D. 职工人数多于 100 人的大型综合汽车维修企业

3. 在股份制有限责任公司中，（　　）是其最高和最终权力机构。
   A. 经理　B. 股东大会　C. 董事会　D. 监事会

## 四、简答题

1. 设置企业管理机构的基本原则是什么？

2. 股东大会由哪几部分组成？

3. 董事会的主要职能是什么？

# 第四节　汽车维修企业的开业条件

## 一、填空题（将正确答案填写在横线上）

1. 国家标准《汽车维修业开业条件》（GB/T 16739.1—2014、GB/T 16739.2—2014）中规定了汽车维修业必须具备的人员、____________、____________、生产管理、环境保护、设施、设备等条件。

2．我国的汽车维修标准基本上可归纳为______________标准、______________标准、_____________________标准、_____________________标准、_____________________标准、___________________标准和___________________标准七大类。

3．汽车维修企业应有与承修车型、经营规模相适应的合法停车场地，并能保证车辆行驶通畅。一类汽车维修企业的停车场面积应不小于____$m^2$，二类汽车维修企业的停车场面积应不小于____$m^2$，且不得占用公共用地。

**二、判断题（正确的，在括号内打√；错误的，在括号内打 ×）**

1．机修人员、电气维修人员、钣金人员和涂漆人员，一类汽车维修企业至少应各配备4人；二类汽车维修企业应至少各配备2人。（ ）

2．汽车维修作为一种经济活动，其一切行为应遵守我国的法律法规，才能保障我国汽车维修行业的健康发展。（ ）

3．配件应确保质量合格，并可查询配件的生产日期、质量保证期、制造商和供应商等信息，有条件的还应提供产品批次，汽车维修企业所提供零部件应从生产、供应到安装全流程信息透明。

（ ）

**三、选择题（将正确答案的序号填写在括号内）**

1．一类汽车维修企业的生产厂房面积应不小于（ ）。

A．1 000 $m^2$　　B．800 $m^2$　　C．200 $m^2$

2．机动车维修质量信誉考核内容不包括（ ）。

A．经营者基本情况

B．经营业绩（含奖励情况）

C．客户购车发票

3．下列选项中不属于汽车维修企业变更的是（ ）。

A．经营权的变动　　B．经营时间的变动　　C．经营范围的变更

**四、名词解释**

1．汽车维修企业开业条件

2．汽车维修档案

五、简答题

1. 汽车维修企业安全管理制度的含义是什么？

2. 汽车维修企业的变更包括哪些方面？

## 第五节 企业文化

一、填空题（将正确答案填写在横线上）

1. 广义上说，企业文化是指____________、____________、____________和____________四个层次的总和。

2. 企业文化是企业中形成的____________、____________、____________、____________、____________等企业的意识形态，企业领导者把文化改变人的功能应用于企业，以“文”化“人”，来解决现代企业管理中的问题，就有了企业文化。

3. 企业文化是一种____________，属于____________范畴，因而它______地存在于广大员工的心灵之中，并在员工的潜意识中形成______，在员工的心灵中打上深深的烙印。

二、判断题（正确的，在括号内打√；错误的，在括号内打 ×）

1. 企业文化融入员工的心灵要经历一个长期的、潜移默化的过程，它与企业共存亡。（ ）

2. 企业文化是企业创立过程中短时间内形成的，它是企业独特的个性文化快速形成的一种经营理念和行为准则，很容易得到员工的认同。（ ）

3. 企业文化是可以模仿和照搬的。（ ）

4．企业文化是在一定的环境中发展而形成的，它是企业根据自身条件创建和实践的结果。 （　　）

## 三、名词解释

1．企业文化

2．企业文化的市场作用

## 四、简答题

1．简述企业文化的特征。

2．什么是企业文化的隐形性？

3. 简述企业文化的激励作用。

# 第三章　汽车维修企业生产安全与环境管理

## 第一节　汽车维修企业生产管理概述

### 一、填空题（将正确答案填写在横线上）

1．汽车维修企业生产管理是指对汽车维修企业生产活动的______、______和______所进行的管理，包括____________________、生产过程的_________________、_________________、生产安全以及劳动管理等。

2．汽车维修企业的生产管理模式有_________________和____________________两种。

3．7S 管理的内容包括______、______、______、______、______、______和节约。

### 二、判断题（正确的，在括号内打√；错误的，在括号内打 ×）

1．汽车维修企业生产管理的基本要求是要保持生产过程的连续性、协调性和均衡性。（　　）

2．汽车维修企业在生产管理中应当遵循“以客户满意为导向，以维修质量为导向，以企业效益为导向”的原则。（　　）

3．团队式管理模式的汽车维修企业的部门设置、部门内部的岗位设置、人员岗位分工比较细致，各有其职责范围。（　　）

### 三、选择题（将正确答案的序号填写在括号内）

1．在传统管理模式中，（　　）负责与维修人员有关的生产管理工作，还负责前台业务接待与维修车间的任务传递。

A．车间调度员　　B．技术主管　　C．修理技师

2．在传统管理模式中，（　　）负责对维修车辆进行中间检验、竣工检验以及维修质量的检查、监督、记录工作。

A．车间调度员　　B．技术主管　　C．质检员

3．在传统管理模式中，（　　）负责车辆的道路试验工作。

A．试车员　　B．技术主管　　C．质检员

4．团队管理模式与传统管理模式的区别是取消了（　　）。

A．车间调度员　　B．技术主管　　C．质检员

## 四、简答题

1. 用树状图的形式绘制出传统管理模式下汽车维修企业的组织机构。

2. 简述团队式管理模式的特点。

3. 简述7S管理的意义。

# 第二节　汽车维修企业的生产安全管理

## 一、填空题（将正确答案填写在横线上）

1. 安全生产是指在生产过程中保障____________和____________。

2. 维修场地是进行____________的场所或工作环境，包括机电维修车间、钣金车间、喷漆车间等。

3．汽车维修企业的特种作业人员必须按照国家有关规定经专门的______________，取得______________________，才能上岗。

**二、判断题（正确的，在括号内打√；错误的，在括号内打×）**

1．维修设备的设计、制造、安装、使用、检测、维修、改造和报废，应当符合国家标准或行业标准。（　　）

2．维修设备的使用管理对安全生产没有什么影响。（　　）

3．维修车间的设备应布置有序，各设备使用时不得有干涉现象。（　　）

4．若发现电气设备的导线破损，必须立即修复或更换。（　　）

**三、选择题（将正确答案的序号填写在括号内）**

1．企业维修人员的素质及安全意识对安全生产的影响（　　）。

A．一般　　B．不大　　C．很大

2．在配电盘下方（　　）堆放杂物。

A．允许　　B．绝不允许　　C．可视情况

3．各设备的总用电量应（　　）维修车间设计用电容量。

A．小于　　B．大于　　C．等于

**四、名词解释**

1．人身安全

2．设备安全

**五、简答题**

1．汽车维修企业的安全生产管理过程中，对维修车间的要求有哪些？

2．汽车维修企业的安全生产管理过程中，对维修人员的素质有哪些要求？

3．汽车维修企业的消防安全管理规定有哪些？

## 第三节　汽车维修企业环境安全管理与危害防范

**一、填空题（将正确答案填写在横线上）**

1．汽车维修企业产生的主要废物“四废”是指______、______、______和______。

2．喷漆车间应设有专用的____________________设施，采用__________工艺的应有____________________和____________，并设有____________。

3．汽车维修企业环保评估整改实施步骤包括填写调查统计表、____________________、整改与测试、验收。

4．要坚持“____________、____________”，建立职业危害防治责任制度，实施分类管理和综合治理。

5．对易发生急性中毒事故或其他职业危害的作业场所，应设立________，并配备有效的________________和________________。

## 二、判断题（正确的，在括号内打√；错误的，在括号内打×）

1．车辆喷漆应在室外开阔场地进行，防止漆尘飞扬。（　）

2．危险废物储存场所应建在易燃易爆等危险品仓库、高压输电线路防护区域以内。（　）

3．存放液体、半固体危险废物容器的地方，必须有耐腐蚀的硬化地面，且表面无裂隙。（　）

4．对电池系统线缆进行连接和拆卸作业前，应先接线或拆线，再拔掉高压配电箱上的手动维修保护开关，以保证维修人员的安全。（　）

## 三、名词解释

1．职业危害

2．作业场所职业危害

## 四、简答题

1．汽车维修企业的环境保护措施有哪些？

2．汽车维修行业产生的危险废物主要有哪些？

3. 充电过程中动力电池着火应采取什么应急措施？

# 第四章　汽车维修企业服务流程与维修质量管理

## 第一节　汽车维修企业服务管理概述

### 一、填空题（将正确答案填写在横线上）

1．汽车维修企业的服务是指以____________为中心，为汽车用户所提供的车辆维修、_____________、____________和零件更新换代等产品保障。

2．汽车维修企业的服务分为____________和____________两方面的内容。

3．延伸服务是指客户购买现实产品和期望产品时，附带获得的各种利益的总和，包括______、______、______、____________、____________、____________、车辆登记手续代办、产品换代升级等。

4．为提高服务质量，售后部门为车辆建立____________，对车辆保养做详细记录，包括____________、____________、____________、____________等内容。

### 二、判断题（正确的，在括号内打 √；错误的，在括号内打 ×）

1．汽车维修企业的服务内容应以完成延伸服务为基础，尽量为客户提供核心服务，打造令客户信赖的服务体系。（　　）

2．第一辆车是由销售人员卖出的，而其余的车也是通过销售人员高超的推销技巧卖出的。（　　）

3．经常有这样的情况，在向客户提供技术咨询的时候就直接促成了新车或二手车的销售业务。（　　）

4．市场占有率是随着客户满意度的上升而上升的，而客户满意度的上升则是通过更好的服务实现的。（　　）

### 三、选择题（将正确答案的序号填写在括号内）

1．对于汽车维修部门来说，汽车维修企业的核心服务是向客户提供技术可信、质量上乘的（　　）。

A．产品换代升级　　B．维修活动　　C．保险代理

2．汽车维修企业的服务内容涵盖除保险以外的所有服务项目，其中不包括（　　）。

A．紧急救援　　B．维修质量　　C．配件销售

3．（　　）是汽车维修企业提出的基本服务理念。

A．客户的愿望就是我们的工作

B．维修时间

C．维修质量

四、名词解释

1．服务

2．延伸服务

五、简答题

1．如何体现汽车维修企业服务的重要性？

2．汽车维修企业服务的内容有哪些？

# 第二节 客户愿望

一、填空题（将正确答案填写在横线上）

1．不同的客户，其愿望是有区别的，这取决于客户的______、______、____________和___________等诸多因素，即使是以上各种条件相同，但因______不同，其愿望也会有所差别。

2．客户的愿望大体上分为一般愿望、___________、___________三种类型。

3．汽车维修企业首先要满足客户的__________，客户的基本需求就是车辆得到及时、保质的______或______，并且_________________，客户能放心使用车辆。

二、判断题（正确的，在括号内打 √；错误的，在括号内打 ×）

1．当一个人想使对方满意的时候，必须知道对方的愿望是什么以及什么是对方满意的基础，这种愿望因人而异，且不会随着时间的变化而改变。（　　）

2．理想服务是汽车维修企业根据维修经验，加上从各种渠道收集的信息形成的对产品的一种抽象性预期。（　　）

3．如果实际服务劣于理想服务，那么顾客就会产生不满。（　　）

三、选择题（将正确答案的序号填写在括号内）

1．客户来企业维修车辆，企业按质、按时修好车辆，是客户的（　　）。

A．一般愿望　　B．理想愿望　　C．最高愿望

2．客户对维修企业的愿望内容包括（　　）。

①礼貌和友好的接待

②合理的价格

③方便的营业时间

④可靠的售后服务

A．①②④　　B．②③④　　C．①②③④

3．汽车维修企业在满足客户基本需求的基础上附加的服务项目越多，车主满意度就会（　　）。

A．越低　　B．不变　　C．越高

四、名词解释

1．客户的愿望

2. 理想服务

五、简答题

1. 针对客户愿望的内容，汽车维修企业应如何提升服务质量？

2. 汽车维修企业如何把握好理想服务的度？

## 第三节 优质服务

一、填空题（将正确答案填写在横线上）

1. 根据为客户提供服务的程度，汽车维修企业的服务类型分为两类，一类是______的服务项目，另一类是______服务。

2. 预约服务的主要内容包括记录客户所有的______、______、______________、提供____________服务等。

3. 汽车维修企业可通过______、______、______等渠道 24 小时受理__________________业务。

4. 车辆维修救援应按照国家有关标准实施，如在道路上进行抢修作业时，应按规定在车后____________m 处设置____________，并开启______________等。

5．回访员应首先把客户的所有__________记录在便笺上，回访结束后，再将要点清晰地写在__________中，并及时向有关部门负责人反馈，以便及时处理客户提出的问题。

**二、判断题（正确的，在括号内打√；错误的，在括号内打×）**

1．随着现代信息技术的发展，预约服务已经成为人们各项活动的必要项目。（ ）

2．预约服务可减少客户的等待时间，节约更多时间为客户提供技术咨询。（ ）

3．要根据相关救援规定移动故障车辆，若超过救援里程，需要收取一定费用时，救援人员要明确收费标准。（ ）

4．电话回访员应尽可能少地给客户带来不便，若电话没有应答，第二天则不应打扰。（ ）

5．企业提供的代用车必须技术性能良好，符合安全上路行驶的要求即可，无其他条件。（ ）

6．使用代用车时，要与企业签订车辆使用合同书，明确双方责任，驾驶代用车辆期间产生的一切交通违规或责任事故，由企业负责。（ ）

**三、选择题（将正确答案的序号填写在括号内）**

1．预约主要由（ ）组织，根据车辆维修档案和车辆的维修周期，通过电话联系的方式与客户建立联系。

A．客户　　B．经销商　　C．企业专人

2．（ ）是电话回访的最佳时间。

A．8:00—11:00 am 和 4:00—6:30 pm

B．9:00—11:00 am 和 2:00—6:30 pm

C．9:00—11:00 am 和 2:00—5:30 pm

3．代用车是由特许经销商提供的一项特殊且长期的服务项目，其目的是为了（ ）。

A．盈利

B．使服务整体上更贴近客户且更有吸引力

C．促销

**四、名词解释**

1．基本服务

2．延伸性服务

## 五、简答题

1. 简述汽车维修企业预约服务的主要优点。

2. 代用车服务主要针对的是怎样的客户群体？代用车服务的作用是什么？

# 第四节　服务接待与礼仪

## 一、填空题（将正确答案填写在横线上）

1. 礼仪由礼仪的______、礼仪的______、礼仪的______和礼仪的______四个要素构成。

2. 在姿态方面，服务人员要随时注意自己的站、立、坐、行的姿态，尽量符合______、______、______、______的标准。

3. 在服饰搭配方面，要______、______、______、______，接待人员尽量统一着装，并杜绝一切不得体和过分的修饰打扮。

4. 汽车服务礼仪包括____________礼仪和____________________礼仪两方面。

5. 汽车售后是____________后续服务，是____________的集中体现。

## 二、判断题（正确的，在括号内打√；错误的，在括号内打×）

1．礼仪的环境即礼仪活动得以进行的特定的时空条件，它可以分为礼仪的自我环境和礼仪的社会环境。（　　）

2．从语言规范方面来说，在服务工作中要求服务人员讲普通话，因为普通话可以准确、快捷地把信息传递给客户，同时也能展现出服务人员的基本素养。（　　）

3．汽车服务人员与客户交谈时，应尽量多用专业术语，以体现自身的专业素养。（　　）

## 三、选择题（将正确答案的序号填写在括号内）

1．当礼仪活动规模较小、较简单时，其主体通常是（　　）。

A．个人　　B．组织　　C. 团体

2．礼仪的媒介构成不包含（　　）。

A．人体礼仪媒介　　B．事体礼仪媒介　　C．媒体礼仪媒介

3．在语句选择上，服务人员在对客户的服务过程中，一般应多用（　　）。

A．陈述语句和一般疑问句

B．祈使句

C．反问句

## 四、名词解释

1．礼仪

2．礼仪的客体

## 五、简答题

1．如何体现服务礼仪的内涵？

2. 简述对汽车销售人员的仪态要求。

## 第五节 汽车维修企业质量管理

### 一、填空题（将正确答案填写在横线上）

1. 汽车维修质量管理是汽车维修企业为了保证和提高________而进行的______、______、______和______活动，它是汽车维修企业管理的重要内容之一。

2. 质量管理的基本宗旨是“________，________”。企业的生产经营管理不仅要坚持质量第一的方针，把客户的需求和利益放在产品生产的首位。

3. 汽车维修作业包括______、________、________、________、________、结算 / 交车、跟踪回访七个环节。

4. 汽车维修质量三级质检工艺的检验过程包括________、________和________。

### 二、判断题（正确的，在括号内打 √；错误的，在括号内打 ×）

1. 车辆维修完毕，由主修人员对车辆进行清洁，并收集和包装由客户带走的旧件，通知业务接待人员接车。（ ）

2. 当客户提车离厂后，维修企业应在一周内进行跟踪回访。（ ）

3. 工序互检是指维修人员相互间对所承修的作业项目进行检查。互检的形式有班组质检员对本组人员的抽检，有下道工序对上道工序的检验，有工序中的互相检验等。（ ）

### 三、简答题

1. 质量管理的指导思想是什么？

2．汽车维修企业质量管理机构的主要职责是什么？

3．汽车维修企业工艺管理的服务流程中的核心环节是什么？为保证此环节的实施，应将哪些方面落到实处？

## 第六节　汽车维护技术管理

### 一、填空题（将正确答案填写在横线上）

1. 汽车维护作业的内容主要有______、______、______、______、______、______等项目，同时还包括发现和消除汽车运行故障和隐患等。

2. 汽车维护作业可分为__________与__________，其中定期维护是指在汽车寿命周期内，根据汽车各级维护的运行间隔强制进行的汽车维护作业，包括__________、__________、__________；特殊维护包括__________、__________等。

3. 汽车维护作业中的紧固工作是为了使各机件__________，防止__________的维护作业，重点应放在____________________的各机件的连接部位上，并对各__________进行______和______。

### 二、判断题（正确的，在括号内打√；错误的，在括号内打×）

1. 汽车一级维护是在二级维护的基础上，客货车行驶间隔 1 500 ~ 2 000 km、轿车行驶间隔 4 000 ~ 6 000 km 的，由专业维修技师完成的汽车安全部件的检查、维护作业。（　　）

2. 二级维护由车主自行到 4S 店进行，其作业内容除一级维护作业外，重点以检查、调整为主，并拆检轮胎进行轮胎换位和四轮定位。（　　）

3. 完成车辆的维护与保养项目后，验收合格并做好相关的维修记录，经维修技师、班组长和质检员三方签字认可，经验车和交车程序后再将车辆交予客户，确保车辆的维修质量。（　　）

### 三、名词解释

1. 日常维护

2. 走合维护

### 四、简答题

1. 汽车季节性维护的主要内容是什么？

2．汽车走合维护的主要内容是什么？

3．汽车维护的补给工作的内容是什么？

## 第七节　汽车维修企业的资产设备与零部件管理

**一、填空题（将正确答案填写在横线上）**

1．汽车维修设施是在汽车维修或生产过程中，可供长期使用并能保持其物质形态的仪器或机械，汽车维修设施可分为汽车维修______、______和______等几种类型。

2．汽车举升类设备主要用于汽车维修生产中将整车或总成举起或移位，常见的举升类设备有______________、__________________、发动机翻转架、移动式液压千斤顶等。

3．环保类设备主要指____________和____________设备，这些设备可收集有害气体和液体，有利于保护环境。

**二、判断题（正确的，在括号内打√；错误的，在括号内打×）**

1．当设备累计运行 950 ~ 1 000 h（单班制 6 个月）时，以设备主操作人为主、机修工为辅进行的维护是设备的一级维护。其作业内容包括对设备进行局部或重要部位的拆卸和检查，更换或修复磨损件，并做好维护记录。（　　）

2．汽车维修企业的生产运输车辆所用燃油由业务经营部门管理，竣工出厂的大修车及新车所用燃油由材料供应部门管理。（　　）

3．汽车维修企业的物资管理实行分类管理法，是将品种繁多的物料，根据物资类别、重要程度、进出仓率等情况进行分类，合理规划物资的固定存放区域，做到重点管理，兼顾一般。（　　）

**三、名词解释**

1．汽车维修设备

2．动力能源设备

3．汽车配件

## 四、简答题

1．汽车维修企业选购设备的原则是什么？

2．汽车维修企业如何做好采购配件的入库验收？

# 第五章　汽车维修企业客户关系与可持续发展

## 第一节　客户满意度与关怀

### 一、填空题（将正确答案填写在横线上）

1．客户价值是指客户购买____________与______所期望获得的所有利益。

2．在售后服务工作中，经常提供__________________或______的服务，是赢得客户满意的最好的途径。

3．客户忠诚度是指客户对企业的______或______的依恋或爱慕的感情，它主要表现为客户的____________、____________和____________。

4．客户对价格的敏感程度是指客户对于______和______的产品，对其价格变动的____________强，____________低。

5．汽车维修企业的服务人员要将“____________”的理念始终贯穿于客户服务工作中，真正树立__________________的服务理念。

### 二、判断题（正确的，在括号内打√；错误的，在括号内打×）

1．客户满意可使企业经营更有效益，员工素质更见提升。（　　）

2．服务人员是企业的形象，服务人员素质的高低间接影响客户满意度，企业应加大对服务人员的培训力度。（　　）

3．科学、有效的考核制度能激励、提升服务人员的工作积极性和责任感。（　　）

4．客户维修结束后的一定天数内（通常小修3～5天，大修14～28天），应等待客户主动联系，解决客户提出的问题并记录客户的反馈意见。（　　）

### 三、选择题（将正确答案的序号填写在括号内）

1．衡量客户忠诚度调研的主要内容不包括（　　）。

A．客户重复购买的次数

B．客户挑选产品时间的长短

C．客户进店次数

2．如果客户对竞争产品没有好感，兴趣不大，则说明其对某一品牌的忠诚度高，购买比较（　　）。

A．稳定　　B．跳跃　　C．多

3．在汽车销售过程中，要求服务人员要将（　　）的理念始终贯穿于客户服务工作中。

A．客户至上　　　　B．道德至上　　　　C．情感至上

四、名词解释

1．行为忠诚

2．情感忠诚

3．意识忠诚

五、简答题

1．客户关怀服务的基本原则是什么？

2．汽车维修企业如何提升客户满意度？

## 第二节　客户投诉处理及预防

### 一、填空题（将正确答案填写在横线上）

1．客户投诉是指客户对企业＿＿＿＿＿＿＿或＿＿＿＿上的不满意，而提出的书面或口头上的＿＿＿＿、＿＿＿＿、＿＿＿＿和要求解决问题的行为。

2．客户在服务质量方面的投诉主要涉及＿＿＿＿＿＿＿、＿＿＿＿＿＿＿、＿＿＿＿＿＿＿、配件供应时间等。

3．把＿＿＿＿的倾诉时间留给客户，不与客户＿＿＿＿、＿＿＿＿，感谢客户提出的宝贵意见，以诚心诚意的态度来倾听客户的抱怨，并做好记录。

4．危机公关是指企业为避免或减轻危机所带来的严重损害和威胁，从而有组织、有计划地学习、制定和实施一系列＿＿＿＿＿＿＿和＿＿＿＿＿＿＿。

### 二、判断题（正确的，在括号内打√；错误的，在括号内打 ×）

1．能正确、合理地处理好客户投诉是至关重要的，这不仅可以帮助汽车维修企业及时了解最新的市场服务动态，还能够捕捉到一些对企业未来发展有价值的商业信息。（　　）

2．处理客户投诉时要准确判断，控制局面，防止节外生枝、事态扩大。（　　）

3．处理客户投诉要求售后服务人员在工作中对客户的不满和抱怨有高度的敏感性，积极主动地采取措施。（　　）

4．不管发生什么样的危机，企业都要学会“切割管理”，把所出现问题的影响尽可能减少到最低程度。（　　）

### 三、选择题（将正确答案的序号填写在括号内）

1．投诉处理有（　　）个层次。

A．一　　B．二　　C．三

2．如果客户对投诉处理不满意，可（　　），有针对性地处理客户投诉。

A．主动询问客户的意愿

B．请第三方机构介入调节

C．根据企业相关规定处理

3．在处理客户投诉过程中，必须树立（　　）的观念。

A．客户至上　　B．道德至上　　C．情感至上

### 四、名词解释

1．客户投诉

2．企业危机

## 五、简答题

1．引起客户投诉主要有哪四个方面的原因？

2．处理客户投诉的原则和技巧有哪些？请简要回答。

3．简述预防客户投诉的原则。

## 第三节　汽车维修企业可持续发展

### 一、填空题（将正确答案填写在横线上）

1．企业信息化管理的本质在于降低企业在经营活动中的____________。

2．不同的企业应结合自身的企业特点，采取不同的信息化管理形式，有效提高企业的____________和____________，解决汽车维修企业本质的技术问题，才是真正有效的措施。

3．配件指标主要包括________________________及配件及时供应率。

4．PDCA 循环法是从企业生产以及流水线作业的现代工业生产方式中出现并发展起来的，是指生产程序按照____________、____________、____________、____________四个阶段进行，并对质量环中的各环节使用相应的控制工具进行控制和分析。

### 二、判断题（正确的，在括号内打 √；错误的，在括号内打 ×）

1．汽车维修企业信息化管理应针对企业自身的情况，有效建设符合信息技术要求的各类业务和管理制度，补充、更新和完善本企业的各类管理制度，促使整个企业经营模式更加有序地发展。（　　）

2．汽车维修企业仅通过市场反馈的信息资源，就能整理并制定出适合本企业的经营模式。（　　）

3．汽车维修企业可通过信息化管理系统建立客户车辆档案，有效提高自身企业形象，为客户的个性化服务打下基础，针对客户咨询做出迅速反应。（　　）

### 三、选择题（将正确答案的序号填写在括号内）

1．汽车维修企业信息化管理所涵盖的内容不包括（　　）。

A．接入物联网

B．建设相应的自动化信息管理系统

C．建立基本管理数据库

2．利用企业信息化管理技术，可以（　　）企业与客户的距离，有效地建立起从企业到供应商再到客户之间的关系网。

A．没有影响　　　　B．拉远　　　　C．拉近

3．汽车维修企业信息化管理的建设，是需要（　　）完成的任务。

A．短期　　　　B．长期　　　　C．不定期

四、名词解释

1．维修台次

2．维修收入

五、简答题

1．简述汽车维修企业维修台次减少的原因及改进措施。

2．PDCA 循环法的运用有哪两个特点？

3. 简述 PDCA 循环法质量管理的优点。

# 第六章　汽车维修企业财务与人力资源管理

## 第一节　汽车维修企业财务管理

### 一、填空题（将正确答案填写在横线上）

1. 企业财务活动是资金的______、______________、______________等一系列经济行为。

2. 企业财务活动从整体上可以概括为三个方面，即__________________、__________________、______________________。

3. 企业财务管理的基本任务是根据社会主义市场经济规律和国家的有关方针、政策、财经制度，合理组织企业的各项____________，正确处理各种____________，为实现企业的______________和__________________。

4. 企业与劳动者之间的财务关系是指在向__________支付劳动报酬的过程中与__________形成的__________________，体现了______与__________之间在____________上的分配关系。

5. 企业财务管理的目标是以________________________为中心，增产节约，增收节支，不断提高企业的____________和____________，并做到两大财务能力的有机统一，实现企业价值最大化。

6. 流动资产是指企业可以在1年或超过1年的一个营业周期内_______________的资产，主要包括____________、____________、____________________、____________、____________等。

### 二、判断题（正确的，在括号内打√；错误的，在括号内打×）

1. 筹资活动是指企业从内外各个方面筹集企业生产经营活动所需要的资金的过程。（　　）

2. 企业必须按照税法规定向政府缴纳各种税款，如所得税、营业税、增值税等，这种关系体现为一种自愿的分配关系。（　　）

3. 企业财务管理应按照国家统一的会计制度进行核算，企业的会计处理方法应根据企业资金和盈利状况随时调整。（　　）

### 三、选择题（将正确答案的序号填写在括号内）

1. 政府为实现其行政职能要（　　）地参与企业收益的分配。

A. 有偿　　B. 无偿　　C. 自愿

2. 企业与受资者之间的财务关系是指企业（　　）投资所形成的经济利益关系。

A．对外　　　　　　　　B．对投资者　　　　　　C．对债务人

3．下列选项中，不属于企业根据自身的具体情况制定的财务管理制度的是（　　）。

A．成本核算制度　　　　B．企业会计准则　　　　C．现金管理制度

## 四、名词解释

1．收益分配活动

2．财务管理

3．固定资产

4．货币资金

5．返修率

## 五、简答题

1．企业财务管理的主要内容是什么？

2．请写出汽车维修企业常用的经营分析公式。

## 第二节　汽车维修企业人力资源管理

### 一、填空题（将正确答案填写在横线上）

1．汽车维修企业要进行生产就必须具备一定的资源，这些资源包括___________、___________及___________。

2．人力资源是指存在于人的______、______、______、______、____________等载体中的经济资源。

3．人力资源管理是对人力资源进行___________、___________和___________的活动的总称。

4．___________从内涵上说就是对人及其工作状况和工作结果进行评价，通过评价体现人在组织中的___________或___________。

5．人力资源规划是指科学地______、______本企业在外界环境变化中的人力资源______和______的状况。

6．从培训与工作的关系来划分，员工培训分为___________、___________和___________。

### 二、判断题（正确的，在括号内打√；错误的，在括号内打×）

1．人力资源是可以开发和利用的。（　　）

2．培训是汽车维修企业为了提高劳动生产率和企业效益，以组织、计划和实施的形式对企业员工及客户等人员进行的一种教育投资活动。（　　）

3．企业通过学习、训导等手段，提高员工的工作能力、知识水平和潜能发挥，最大限度使员工的个人素质与工作需求相匹配，进而促进员工现在和将来的工作绩效的提高。（　　）

### 三、选择题（将正确答案的序号填写在括号内）

1．下列选项中关于人力资源定义的描述错误的是（　　）。

A．人力资源是可以开发和利用的

B．人力资源只能给企业带来社会效益

C．人力资源是通过载体的形式表现出来的

2．下列选项中不属于人力资源管理工作内容的是（　　）。

A．人力资源规划　　B．员工培训　　C．员工福利

3．以下不是员工一旦被企业聘用就形成的劳资关系（　　）。

A．雇用与被雇用　　B．相互依存　　C．互相利用

4．以下哪个不是员工招聘的基本原则（　　）。

A．多多益善　　B．少而精　　C．宁缺毋滥

## 四、名词解释

1．人力资源

2．人力资源规划

3．在职培训

## 五、简答题

1．简述汽车维修企业招聘时要考虑的因素。

2．现代汽车维修企业招聘员工的方法有哪些？

3．简述汽车维修企业人力资源规划的内容。

## 第三节　绩效考评与薪酬管理

**一、填空题（将正确答案填写在横线上）**

1．汽车维修企业的激励机制包括__________和__________。

2．物质激励的奖励制度是奖励员工在__________或__________内的特殊贡献，往往以______或__________的形式出现。

3．精神激励包括__________、__________、__________和__________。

4．绩效考评的执行者是确保______________有效运行的主体。

5．常用的绩效考评方法有______________、______________、______________、等级评定量表法和__________________。

6．汽车维修企业的员工工资可分为__________、__________和__________三类。

7．汽车维修企业的员工津贴包括____________、____________、____________及其他津贴等。

8．汽车维修企业的薪酬激励分为__________激励和__________激励两大类。

**二、判断题（正确的，在括号内打√；错误的，在括号内打×）**

1．合理地提高员工工资可直接反映员工的工作绩效。（　）

2．表彰员工在某一方面的特殊贡献，可突出事迹、颁发证书、公告表扬等。（　）

3．津贴作为一种劳动报酬，是指工资和奖金之外的员工待遇，是一种企业内部再分配的形式，用于满足员工的共同需求和长远利益。（　）

**三、选择题（将正确答案的序号填写在括号内）**

1．指标与标准是两个（　　）的概念。

A．相同　　B．不同　　C．相似

2．个人薪酬激励不包括（　　）。

A．生产工人的薪酬激励　　B．销售人员的薪酬激励　　C．集体计件工资

3．团队薪酬激励不包括（　　）。

A．利润分享计划　　B．高层管理人员薪酬　　C．收益分享计划

四、名词解释

1．绩效

2．薪酬

3．奖金

五、简答题

1．简要回答绩效考评的作用。

2．企业绩效考核常用的方法有哪些？

3．企业团队激励主要有哪几种形式？

# 第七章　汽车三包、召回及保修管理

## 第一节　汽车三包管理

### 一、填空题（将正确答案填写在横线上）

1. 汽车三包指的是______、______和______。

2. 包修是指自购车之日起（以购车发票时间为准），在一定的质量保修期内，因质量问题引起的故障，采取______或______的方式恢复车辆性能。

3. 包修期内修理者用于修理的零部件应当是____________________的合格零部件，并且其质量不得______原车配置的零部件质量。

### 二、判断题（正确的，在括号内打√；错误的，在括号内打×）

1. 自购车之日起（以购车发票时间为准），在一定的质量保修期内，因严重的质量问题，经修理仍达不到车辆主要技术性能指标的，消费者可以退车。（　　）

2. 生产者生产的家用汽车产品应当符合法律法规的规定以及当事人约定的质量要求，未经检验合格的产品，不得出厂销售。（　　）

3. 生产者应当积极配合销售者、修理者履行其义务，不得故意拖延或者无正当理由拒绝销售者、修理者提出的协助、追偿等事项。（　　）

### 三、选择题（将正确答案的序号填写在括号内）

1. 家用汽车产品的生产者应当向市场监管总局备案，备案信息发生变化时，生产者应当自变化之日起（　　）个工作日内更新备案。

A．10　　B．20　　C．30

2. 消费者遗失三包凭证的，可（　　）向销售者申请补办。

A．免费

B．有偿

C．视情况

3. 包修期内家用汽车产品因质量问题不能安全行驶的，修理者应当（　　）提供修理咨询服务。

A．免费

B．有偿

C．拒绝

## 四、名词解释

1．包修

2．包换

3．包退

## 五、简答题

1．汽车三包的责任免除有哪些？

2．汽车三包涉及的三方是哪三方？其中修理者应承担的义务包括哪些？

3．三包的索赔内容有哪些？

## 第二节　汽车的召回管理

**一、填空题（将正确答案填写在横线上）**

1．汽车召回制度就是投放市场的汽车，发现由于________或________方面的原因存在缺陷，不符合有关法规、标准，可能导致安全及环保问题，厂家必须及时向国家有关部门报告该产品________________、________________、________________等，提出召回申请，经批准后对在用车辆进行改造，以消除事故隐患。

2．________负责组织建立缺陷汽车产品召回信息管理系统，汇总、分析有关缺陷汽车产品信息，备案________________，发布缺陷汽车产品信息和召回相关信息。

3．________制订召回计划，应当内容全面、客观准确，并对其内容的真实性、准确性及________________负责。

**二、判断题（正确的，在括号内打√；错误的，在括号内打×）**

1．生产者应当建立健全汽车产品可追溯信息管理制度，确保能够及时确定缺陷汽车产品的召回范围并通知车主。（　　）

2．生产者应当保存汽车产品设计、制造、标识、检验的相关文件和质量控制信息。（　　）

3．经营者、汽车产品零部件生产者应当向市场监管总局报告所获知的汽车产品可能存在缺陷的相关信息，但无需通报生产者。（　　）

4．车辆缺陷调查时，由召回技术机构负责组织对生产者报送的调查分析结果进行评估，并将评估结果报告市场监管总局。（　　）

**三、选择题（将正确答案的序号填写在括号内）**

1．生产者获知汽车产品可能存在缺陷的，应当（　　）组织调查分析。

A．立即　　B．2个工作日内　　C．5个工作日内

2．由汽车生产者实施召回，应当按照市场监管总局的规定制订召回计划，并自确认汽车产品存在缺陷之日起（　　）个工作日内向市场监管总局备案。

A．3　　B．5　　C．10

3．生产者应当向市场监管总局备案生产者基本信息，依法备案的信息发生变化时，应当在（　　）个工作日内更新。

A．15　　B．20　　C．30

**四、简答题**

1．请用流程图的形式绘制汽车产品的召回流程。

2．市场监管总局在哪些情况下应当开展缺陷调查？

## 第三节　汽车的保修管理

**一、填空题（将正确答案填写在横线上）**

1．车辆保修又称______、______、______等。

2．车辆保修凭证上一般会明确______、______、______、______、______、______等。

3．保修期分为______和______两种。

4．家用汽车产品的易损耗零部件在______内出现产品质量问题的，消费者可以选择______更换易损耗零部件。

5．汽车生产厂家一般会在______中明确易损耗零部件清单、种类以及质量保证期。

6．车辆保修信息的反馈主要通过______、邮件、电话等方式进行。

**二、判断题（正确的，在括号内打√；错误的，在括号内打×）**

1．车辆保修期是指厂商向消费者卖出车辆时，所承诺的对该商品因质量问题而出现的故障提供免费维修及保养的时间段。（　　）

2．包修期不得低于两年或者行驶里程 30 000 km，以先到者为准。（　　）

3．主机厂新车销售时或售后加装的，经主机厂认可的原厂精品附件保修期以主机厂公告为准。（　　）

4．规范保修过程能及时恢复客户对公司的信任，甚至还会提高客户满意度，以此建立

良好的口碑，间接带来新车销售的增长。 (　　)

5．保修零部件应按照标准分类存放，特别是含油液类、电解液类的零部件应独立存放，防止安全事故发生。 (　　)

三、选择题（将正确答案的序号填写在括号内）

1．家用汽车产品的三包有效期不得低于（　　）年或者行驶里程（　　）km，以先到者为准。

A．130 000　　B．250 000　　C．360 000

2．汽车维修企业在进行保修管理过程中应注意保留保修数据，以下不属于保修数据的是（　　）。

A．检测代码　　B．使用的相关仪器设备　　C．诊断过程

3．以下选项中，不属于汽车保修流程的是（　　）。

A．保留保修数据　　B．判断是否需要保修　　C．获取客户授权

四、名词解释

1．车辆保修

2．车辆保修期

五、简答题

1．简要说明汽车的保修流程。

2．汽车保修管理的内容有哪些？

3．汽车易损耗零部件有哪些?